Gute Gedanken - Band I

Freunde für's Leben

tsh

Über den Autor:

Thorsten Haßiepen, Jahrgang 1970, ist selbständiger Rechtsanwalt in seiner Heimatstadt Wegberg.

Er wird auch aufgrund seiner Ausbildung zum Prädikanten (ehrenamtlicher Pfarrer) von vielen Menschen als Seelsorger und Berater geschätzt.

Er ist verheiratet und Vater von drei Kindern.

Thorsten Haßiepen

Gute Gedanken - Band I

Freunde für's Leben

tsh

Thorsten Haßiepen

Gute Gedanken - Band I
Freunde für's Leben

2. Auflage, 2016

Bibliografische Information der Deutschen Bibliothek
Die Deutsche Bibliothek verzeichnet diese Publikation in der Deutschen Nationalbibliographie; detaillierte bibliografische Daten sind im Internet über http://dnb.ddb.de abrufbar.

ISBN: 978-3743-17684-3

Umschlaggestaltung und Grafiken:
Stefanie Haßiepen - haßiepenDesign - www.hassiepen-design.de

Umschlagbild:
petunyia / fotolia.de

Herstellung & Verlag:
BoD - Books on Demand, Norderstedt

Jeden Tag kannst Du

1000 kleine Freuden erleben.

Öffne einfach nur Deine Sinne

für sie.

Inhaltsverzeichnis

Vorwort

»Gute Gedanken« sind eine Sammlung von kurzen Texten, welche zu verschiedenen Gelegenheiten entstanden sind. Diese Texte inspirieren und motivieren zugleich, denn sie haben meist, nein sie haben immer ein kleines Happy End.

Die Geschichten entstammen dem Leben, sind ad hoc in Situationen entstanden und niedergeschrieben, um ihre Aktualität in der sie beschreibenden Situation einzufangen.

Sie erzählen und wirken zunächst trivial. Doch sie haben ein Ziel. Sie zu berühren. Sie als Leser einzuwickeln in die Gedanken und Sie für Ihren Alltag zu erfreuen und Ihnen eben jene »gute Gedanken« mitzugeben, damit Ihr Tag einfach besser wird.

Die kurzen Geschichten sind in wenigen Minuten zu lesen. So können sie über den Tag, die Woche oder den Monat verteilt aufgenommen werden und zwischendurch einmal für ein wenig Entspannung und neuen Mut sorgen.

»Gute Gedanken« erscheinen regelmäßig für Sie. Lesen Sie und fühlen Sie.

»Gute Gedanken« kann man immer gebrauchen.

Lesen Sie dieses Buch und lassen es auf sich wirken. Lesen Sie es in Ruhe, ohne Eile, wenn Sie hierfür Muße haben.

Sie werden spüren, wie die Kraft der »Guten Gedanken« tatsächlich wahrnehmbar ist … meistens auf eine Art und Weise, wo und wie wir sie eben überhaupt nicht erwarten … in dem ganz normalen Alltag.

Das ist das Geheimnis. Wir leben nicht auf einer Insel in unserer kleinen Welt. Wir Menschen sind miteinander verbunden, gehören zueinander, stützen und ergänzen uns…

Wegberg, Januar 2017

Thorsten Haßiepen

»Frühstück bei McDonald's«

Ja, ich gebe es zu. Ich esse gerne bei McDonald's. Es mag sein, dass dies weder zeitgemäß noch politisch korrekt ist. Aber ich mache es trotzdem und zwar gern.

In den frühen Morgenstunden ist es meist sehr leer hier. Nur einige wenige Gäste verirren sich her. Einer davon bin ich.

Neben mir sitzt ein ähnlicher Arbeitsnomade, wie ich es bin. Er hat einen Becher Kaffee auf dem Tisch sowie seinen Laptop und sein Handy. Er telefoniert in Ruhe, wird angerufen und tippt auf der Tastatur herum. Er sieht völlig entspannt aus.

Wir kamen kurz ins Gespräch und er schwärmt mir vor, wie sehr er es genießt, unterwegs arbeiten zu können. Es bedeutet ihm die Freiheit pur. Ungebunden sein von Ort und Zeit und trotzdem, so er möchte, erreichbar.
Doch, ein Büro habe er auch. Dort säßen seine Kolleginnen und Kollegen und machten ihre Sachen. Sei er nicht erreichbar, nähme seine Sekretärin die Telefonate entgegen und stellte sie auch durch. Aber er könne die weite Welt

genießen. Oft fahre er einfach von Ort zu Ort und arbeite, wo er gerade ausgekommen sei. Meist seien es keine großen Reisen, nur Tagesetappen. Doch es gebe ihm die Möglichkeit, zwischendurch im Auto einmal für sich abzuschalten, weil er da nicht arbeiten könne, er konzentriere sich dann doch lieber auf die Straße.

Er habe festgestellt, wie seine Produktivität sich ganz erheblich gesteigert habe, seit er nicht mehr an seinen Bürostuhl gefesselt sei oder sich zumindest so gefühlt habe.

Es sei für ihn eine Art Abenteuer der neueren Zeit. Er gewinne viele neue Eindrücke von anderen Orten und Menschen, was ihm helfe, seine Ideen zu vervielfältigen und mehr und mehr davon jeden Tag zu bekommen.

Er sieht zufrieden aus, entspannt, innerlich und äußerlich.

Es gebe ihm die Kraft, die er eben benötige. Ja, es erfordere ein höheres Maß an Eigenorganisation. Aber das sei schnell geschafft und eine Frage der Gewohnheit. Diese habe sich erstaunlicherweise sehr zügig eingestellt.

Demnächst wolle er einmal mit dem Zug einen Tag durch das Land fahren, um zu erfahren, ob dies auch eine Möglichkeit der arbeitsamen Reise sei. Er freue sich darauf.

Ach, wie sehr ich ihn beneide. Bis ich feststelle, dass ich irgendwie in einen Spiegel geschaut habe und alles das ebenso mache. Ich fahre von Ort zu Ort, fühle mich frei und kann dank der modernen Mittel und Techniken praktisch überall arbeiten.

So habe ich auch diese Zeilen auf meinem Handy während meines Frühstücks geschrieben. Dabei fühle ich mich glücklich, entspannt, fröhlich und vor allem dankbar.

Und so geht es nun weiter, auf zum nächsten Ort, auf zur nächsten neuen Erfahrung und Begegnung.

Dieses Leben ist einfach schön!

»Freunde für's Leben«

Nach längerer Zeit bin ich mal wieder mit einem Freund „einen trinken". Nennen wir ihn für literarische Zwecke einmal Frank.

Frank erzählte mir, wie er sich im Sommer dieses Jahres einen Hund angeschafft habe. Es sei ein Kromfohrländer, eine relativ neue Rasse, die einem Idefix aus Asterix und Obelix ähnelte, etwas größer und braun gefleckt sei.

Als er dies erzählt, müssen wir lachen. Denn genau diese Rasse, die fast niemand kennt, hatten wir auch als Hund, als ich noch bei meinen Eltern lebte.

Penny hieß die kleine Dame damals. Sie war in ihrem Wurf die einzige, welche keine braunen Flecken hatte, außer an den Ohren. Ansonsten war sie schneeweiß und wunderhübsch.

Penny war ein Charakterhund, die auch ein starkes Bedürfnis hatte, ihr Revier zu verteidigen. So bellte sie laut, wenn uns für sie fremde Menschen besuchten, nur um dann vor ihnen wegzulaufen, wenn sie ihr näherkommen wollten. Das gleiche Szenario spielte sich ab, wenn diese Fremden dann wieder gingen. Penny raste ihnen hinterher, rutschte dabei regelmäßig im steingefliesten Treppenhaus aus und purzelte fast die Treppe herunter. Aber von ihrer Gewohnheit wollte sie eben nicht abweichen.

Wurde sie läufig, bekam sie für diese Tage ein Höschen an. Diese schwarze Hundehose, die sie allerdings auch nur innerhalb des Hauses trug, schmückte sie umso mehr, als natürlich der Kontrast zwischen dem schneeweißen Fell und der glänzend schwarzen Hose umso größer war.

Ich erinnere mich noch an lange Spaziergänge, die ich als Kind mit ihr machte, wenn der erste Schnee fiel. Das war ein Ritual, welches ich mir mit ihr angewöhnt hatte. Wir wanderten dann oft stundenlang durch die Felder und Wälder in der Umgebung, spielten miteinander und erlebten allerlei Abenteuer. Ich kann mich noch daran erinnern, als wäre es gestern, selbst wenn ich daran schon seit Langem nicht mehr gedacht hatte.

Auch erinnere ich mich, wie wir dann beide nach den Spaziergängen aus der Kälte wieder zu Hause ankamen, oft auch ziemlich nass vom Schnee und uns erst einmal wieder aufwärmen mussten. Penny legte sich dann in ihrer berühmten Wasserkran-Stellung platt auf den Bauch in die Küche, wobei sie ihre Hinterläufe von sich streckte, ihren Kopf auf einer Vorderpfote ablegte und die andere Pfote abgewinkelt zur Seite von sich streckte. So lag sie dann oft stundenlang in der Küche und schlief. Die Ohren arbeiteten dabei natürlich permanent, da jedes Geräusch wahrgenommen werden musste. Bewegte sich irgendetwas in der Wohnung, ging auch das eine oder das andere Auge auf und sie schaute, was passierte.

Das waren wunderbare Tage an die ich mich gerne zurückerinnere.

Als ich Frank so erzählen höre, wie seine Familie und er den Entschluss gefasst haben, sich einen Hund zuzulegen und wie der Auswahlprozess voranging, bis der Hund, nennen wir ihn Linus, dann bei ihnen einzog, kommen schon viele Gefühle von früher in mir hoch. Auch erinnert mich die Erzählung, dass Linus freudig auf Frank's Familie zugesprungen kam, sich direkt mit seinem Sohn anfreundete und auch auf der Fahrt nach Hause sich direkt wohlfühlte daran, wie ich meinen jetzigen Hund Chicco bekam.

Auch ich hatte mich damals entschlossen, mir -damals alleine lebend- einen Hund zuzulegen. Ich suchte ein wenig umher und fand so auch meinen Weg zum Tierheim in unserer Kreisstadt.

In einem Zwinger saß er da. Er war unheimlich verschüchtert und blieb in seiner Ecke kauern, auch wenn andere Leute ihn zu sich locken wollten.

Irgendwann stand ich dann vor seinem Zwinger. Ich schaute hinein und ich hatte mich von Anfang an verliebt.

Chicco ging es wohl nicht viel anders, denn er stand auf und kam, wenn auch noch vorsichtig, schwanzwedelnd auf mich zugelaufen. Er stellte sich am Gitter hoch und begrüßte mich.

Und wie er mich begrüßte. Er konnte kaum aufhören, mit seinem Schwanz zu wedeln und mich mit hoher Stimme anzubellen. Er wollte raus aus seinem Zwinger, das sah ich. Und … er hatte mich als neues Herrchen ausgesucht. Nicht ich ihn, sondern er hat mich gewählt.

Ich bin erstaunt, als Frank mir von den Worten des Züchters erzählt, dieser habe genau das Gleiche zu ihm gesagt. Kurz vorher seien auch noch andere Interessenten für Linus dort gewesen. Dieser habe aber die anderen Leute abgelehnt, indem er sich verkrochen und keinen Kontakt aufgenommen habe. Ganz anders war dann die Situation, als Frank mit seiner Familie kam. Da sei Linus angelaufen gekommen und habe sich gefreut. Auch der Züchter, so Frank, habe gesagt, Linus habe sich gerade sein neues Zuhause ausgesucht.

Ich erinnere mich an eine weitere Episode in meinem Leben, in welchem Ähnliches passierte. Auch hier ging es um ein Tier, um meine Hela, eine Haflingerstute. Hela kaufte ich von einer Frau, bei welcher Hela seitdem sie ein Fohlen gewesen war, aufgewachsen war. Bei unseren ersten Reitstunden war Hela sehr geduldig, zeigte mir, wie ich reiten musste und erduldete viele Fehler. Das war noch, bevor ich Hela dann abholte.

An dem Tag, als wir sie dann mit zu uns nach Hause nahmen, kam es zu einer fast unwirklichen Situation. So eine Erzählung kannte ich vorher nur aus Filmen.

Die Vorbesitzerin longierte Hela noch ein wenig, um sie für die längere Fahrt etwas müde zu machen. Als sie fertig war, lies sie das Pferd von der Longe frei. Sie standen in der Mitte einer Halle, etwa 20 bis 30 Meter von mir entfernt. Ich stand sicher hinter einem Zaun, neben mir der Ehemann der Verkäuferin. Plötzlich blickte Hela zu mir. Sie fasste mich förmlich ins Auge und rannte im wilden Galopp auf mich zu. Erst kurz vor dem Zaun bremste sie und kam so vor mir zu stehen, dass wir uns Auge in Auge gegenüberstanden. Der Mann der Verkäuferin war schon einen riesigen Satz nach hinten weggesprungen. Ich aber wusste, dass Hela mir nichts wollte, sondern nur testete, wie ich reagierte. Also blieb ich ruhig stehen. Als wir dann so Aug' in Aug' gegenüberstanden, ging sie plötzlich noch einen kleinen Schritt nach vorne und legte ihren Kopf auf meine auf dem Zaun liegenden Hände. Es war als ob sie sagen wollte: „Das hast Du gut gemacht. Dich akzeptiere ich."

Von da an waren wir dickste Freunde im Gelände und auf der Wiese. Zwar war sie ein wenig störrisch, aber so sollen Haflinger ja nun auch einmal sein. Aber ansonsten konnte ich mit ihr durch Dick und Dünn gehen. Angst hatte ich nie, wenn ich auf ihr ritt, selbst wenn sie manchmal vor Schreck fast durchging. Ich wusste einfach, dass sie mir gut gesonnen war.

Es ist erstaunlich, dass wir Menschen denken, wir wären diejenigen, welche sich unsere Haustiere aussuchen. Natürlich ist es auch rein formal so.

Aber ich glaube, in Wirklichkeit sind wir es, die sich glücklich schätzen dürfen, von unseren Lieblingen erwählt zu werden. Sie sind diejenigen, die auf eine uns unbekannte Art und Weise den Weg zu uns finden und sich dann meist bis an ihr Lebensende mit uns verbünden.

Natürlich rede ich nicht von den Schicksalen, in denen dann die Tiere ausgesetzt oder sonst etwas werden. Ich rede von den Familien oder Menschen, welche ein Tier zu sich aufnehmen und dies bis an deren Lebensende liebevoll bei sich behalten.

Dies ist eine Erfahrung, welche jeder Mensch in seinem Leben machen sollte.

Eine solche bedingungslose und vor allem voraussetzungslose Liebe, wie von einem uns auserwählenden Tier gibt es kaum ein zweites Mal auf dieser Welt.

Wenn wir unserem Hund, Katze, Maus, Vogel oder sonst welchem Haustier auch immer mit Respekt und Anerkennung gegenübertreten, sind diese bereit, für uns ebenso durch Dick und Dünn zu gehen. Sie tun alles dafür, uns zu gefallen und brauchen sich meist dafür noch nicht einmal zu verstellen.

Doch genau das ist es auch, weshalb wir so gerne Haustiere um uns haben. Sie geben uns so viel, einfach nur, weil wir beide beieinander sind.

Wenn ein Haustier uns erwählt hat und wir uns um dieses Tier schon nur ein wenig kümmern, so haben wir tatsächlich einen Freund für's Leben. Es geht mit uns überall hin und liebt uns bedingungslos. Nun gut, füttern müssen wir es schon, da es -Katzen als Freigänger vielleicht einmal ausgenommen- sich selbst gar nicht mehr ernähren kann. Und Zuwendung braucht es auch. Ansprache, Streicheleinheiten, Beschäftigung und noch einiges mehr. Natürlich sagen viele zu Recht, ein Tier sei wie ein weiteres Kind, da es ständig umsorgt sein möchte und es einen auch schon einmal ans Haus bindet. Wenn es krank ist, müssen wir mit ihm zum Arzt und machen uns Sorgen.

Doch … in den vielen normalen Zeiten, schenkt uns unser Tier Liebe, Geborgenheit, ebenso Ansprache, Beschäftigung und Aufmerksamkeit. Wer möchte das schon eintauschen.

Ich habe das Gefühl, Frank hat einen solchen neuen Freund für's Leben gefunden. Die beiden haben sich wirklich gefunden.

Ich wünsche Euch viel Spaß, Glück, lange und abenteuerliche Spaziergänge und eine lange, lange Zeit miteinander.

»Hemdsärmelig«

Gerade habe ich mich an meinen Schreibtisch gesetzt.

Es ist einer jener Morgende, an welchem man sich eigentlich lieber wieder in sein Bett verkriechen möchte. Irgendwie scheint nichts so richtig zu stimmen.

Die Müdigkeit sitzt einem noch in den Knochen. Das Frühstück hat nicht so richtig geschmeckt. Der Kaffee schmeckt zu bitter. Den Schreibtisch findet man, weil man gestern nicht aufgeräumt hat, noch ziemlich voll vor. Und der Computer, welchen man doch so gerne nutzen möchte, streikt auch stumm und leise vor sich hin.

Mein Blick streift über den Tisch von links nach rechts und wieder zurück. Bedrohliche Stapel Papier türmen sich gefühlte zehn Meter hoch vor meinen Augen auf. Tatsächlich sind es nur ein paar einzelne, ruhig vor sich hinliegende Blätter, doch in der eigenen unausgeschlafenen Wahrnehmung werden sie gewaltig verzerrt. Für die kleinen Details scheine ich kaum die notwendige Ruhe zu haben.

Einer jener Tage … wer kennt sie nicht?

Mein Blick schweift weiter, ist auf der Suche nach etwas, das mich freudig ablenken könnte, doch er findet nichts.

Plötzlich bleibt er an dem linken Ärmel meines üblichen weißen Hemdes, die ich so gerne im Büro trage, hängen.

„Was ist das denn?", frage ich mich, als ich genauer hinschaue.

An der linken Manschette sind doch tatsächlich irgendwelche Flecken. Klitzeklein sind sie. Rund gesprenkelt und grau sind sie. Kaum zu entdecken. Aber sie sind da.

Jetzt, wo ich einmal hingesehen habe, kann ich sie auch nicht mehr nicht sehen.

Man stelle sich also vor: Dort liegt ein Schreibtisch voller Arbeit, aber was mich interessiert, sind diese merkwürdigen Flecken auf meinem Hemdsärmel.

Es ärgert mich sehr, mein Hemd nicht kontrolliert zu haben, bevor ich es angezogen habe. An einem Tag wie heute bleibt ein solcher Gedanke erst einmal haften.

Aber nun gut, gehen wir eben noch einmal nach oben ins Anziehzimmer und holen uns ein neues Hemd aus dem Schrank. Weiße Hemden habe ich genügend.

Gesagt getan. Das gefleckte Hemd streife ich ab, lege es zur Seite und nehme mir ein neues und blütenweißes Oberhemd heraus. Mit der in meinem Leben tausendfach geübten Bewegung schwenke ich es um mich herum, bis beide Arme in die Ärmel hineingleiten und ich beginne, die

Knöpfe zu schließen. Jetzt fühle ich mich wieder wohl und kann mit großem Tatendrang an die Arbeit gehen.

Halbwegs fröhlich, denn irgendwie stellt sich immer noch nicht so richtig die Arbeitslaune an einem jener Tage ein. Ich komme in mein Büro.

Seltsam. Der Schreibtisch ist immer noch genauso voll wie eben. Leider gibt es eben doch keine Heinzelmännchen, welche in der Zwischenzeit meine Arbeit weggemacht haben könnten. Das ist schade.

Ich setze mich also wieder in meinen eigentlich sehr gemütlichen Schreibtischstuhl, rolle an den Schreibtisch heran und …

… erstarre. „Was ist das denn?“, frage ich mich ungläubig.

„Das kann doch wohl nicht wahr sein“, höre ich mich laut aussprechen. Meine Sekretärin schaut erstaunt um die Ecke und fragt, was es denn gäbe. Ich brummel nur ein „nichts“ vor mich hin und verziehe mich erneut verärgert aus meinem Büro.

Nein, natürlich habe ich von meiner eigentlich wartenden Arbeit noch nichts erledigt. Alles liegt unangetastet weiter auf dem Tisch. Ich spüre die verwirrten Blicke meiner Sekretärin in meinem Nacken, als ich die Tür vom Büro in unser Wohnhaus hinter mir schließe.

Leise vor mich hinschimpfend stampfe ich erneut die Treppe hinauf ins Anziehzimmer, wo ich mich schnellstmöglich meines Hemdes entledige.

Als ich unten an meinem Schreibtisch saß, musste ich nämlich erzürnt feststellen, dass auch dieses Hemd einen kleinen, diesmal roten Flecken an dem linken Ärmel aufwies, welcher auch mein Blickfeld, nachdem ich ihn einmal gesehen hatte, nicht mehr verlassen wollte.

So zog ich nun mein drittes Hemd an diesem Tage an. Diesmal aber kontrollierte ich es sehr genau, bevor ich es über Arme und Oberkörper gleiten lies und zuknöpfte. Nein, dieses Hemd war tatsächlich blütenweiß und sauber.

Als ich dann wieder langsam in Richtung Büro die hölzerne und knarrende Treppe hinunterstieg, erinnerte ich mich daran, wie ich genau diese zwei Hemden meines morgendlichen Zornes schon so oft habe entsorgen wollen. Beide habe ich selbst verschmutzt. Das erste Hemd, das mit den dunklen Flecken, habe ich mir verdorben, als ich einen Füllfederhalter mit Tinte auffüllen wollte und diese leider ein wenig umherspritzte. Das zweite, rot besprenkelte Hemd musste ich trotz Warnung meiner Ehefrau unbedingt anlassen, als wir einmal mittags Spaghetti gegessen haben. Und natürlich … was passierte? Natürlich lies sich die dunkelrote Tomatensoße genüsslich auf meinem Hemdsärmel nieder.

Lerne daraus:

Ziehe nie ein weißes Hemd an, wenn Du Nudeln mit Tomatensoße essen willst.

Als ich mich jetzt wieder daran erinnere, fange ich an zu schmunzeln. „Selbst Schuld", denke ich mir.

„Warum erledigst Du auch nicht das, was Du Dir vornimmst, sofort?!"

So drehe ich noch einmal um, lese die beiden Hemden auf und entsorge sie. Zu oft habe ich mich über diese Sprenkel schon geärgert und das beschriebene Szenario durchexerziert. Damit ist nun Schluss.

So aufgeräumt und bereinigt gehe ich mit beschwingtem Schritt die Treppe hinunter, lasse mich in meinem Stuhl am Schreibtisch nieder und beginne mit frisch gewaschenen Hemdsärmeln jetzt aber fröhlich und zufrieden tatsächlich meine anstehende Arbeit.

Und so heißt es: „Hemden gut … alles gut."

»Der Mann, der alle kennt«

Morgens, acht Uhr in einer deutschen Gerichtskantine.

Heute bin ich schon früh unterwegs. Um halb zehn habe ich zwar erst einen Gerichtstermin. Da ich aber noch mindestens eine Stunde fahren musste und ich auf meiner Navigations-App festgestellt hatte, wieviel Stau gemeldet wurde, entschied ich mich, schon um sieben Uhr loszufahren.

Entsprechend früh war ich natürlich auch schon am Gericht. Aber das war mir gerade recht. Konnte ich mich so doch noch in die Kantine, oder besser Cafeteria im Erdgeschoss setzen und den morgendlichen Trubel auf den Gerichtsfluren beobachten.

Wie zu erwarten, war es ein geradezu grandioses Schauspiel.

Ziemlich müde Menschen kamen zur Arbeit. Manche davon waren entschieden zu fröhlich, als dass es zu ihrem grimmigen Gesichtsausdruck oder ihrer eingefallenen Körperhaltung passen könnte. Manche waren hingegen nur schläfrig und stolperten vorwärts. Andere wieder setzten sich ebenso in die Cafeteria, um ebenfalls noch ein Brötchen zu essen oder einen warmen Kaffee an diesem wettermäßig trüben Tag zu genießen.

Leicht konnte man die Anwälte von den Richtern, die Staatsanwälte von den weiteren Angestellten unterscheiden. Alle haben so eine eigene Physiognomie ihres Daseins geprägt. Wirklich beschreiben kann ich das kaum. Aber da gibt es die Wichtigen, die Versteckten, die Offenen, die Listigen, die Entscheider und die Leute, die den Tag einfach mal auf sich zukommen lassen.

Das Schauspiel ist wirklich grandios und es macht Spaß, Menschen, die sich unbeobachtet fühlen, zu beobachten. Sehr viel kann man von den morgendlichen und so unterschiedlichen Routinen all' dieser Menschen lernen. Und dies alles durch einfaches Beobachten.

Doch eine Person fällt besonders auf. Sie sitzt in exponierter Stellung am Fenster und natürlich an dem Tisch, welcher eigentlich für die Justizangestellten reserviert ist. Selbst ist er keiner, er ist deutlich sichtbar Anwalt. Er trägt einen dunklen Anzug, ein Hemd mit Manschettenknöpfen. Letzteres entlarvt oft die Anwälte, da Richter nur selten solche Hemden tragen. Auch hat er die obligatorische weiße Krawatte an. Als ihn eine Staatsanwältin anspricht, diskutiert er kurz über die anstehende Verhandlung. Geradezu unterwürfig verhält sich die Staatsdienerin ihm gegenüber, rechtfertigt sogar, warum sie seinen Mandanten überhaupt angeklagt habe und welche Tatbestände sie dabei ausgelassen habe. Wohlwollend nickt der Anwalt und nimmt die Erklärungen zur Kenntnis.

Das eigentliche Schauspiel ist jedoch seine Art, den Raum zu beherrschen. Durch die Position, welche er im Raum einnimmt, hat er den morgendlichen Strom von Menschen, die sich in das Gericht hineindrängen, gut im Auge. Es erscheint, als kenne er praktisch alle, die sich an ihm vorbeischlängeln müssen. Jede und jeden grüßt er, ziemlich aufdringlich, wie ich finde. Dem einen oder der anderen ruft er etwas hinterher. Die Antworten sind oft gezwungen und aufgenötigt. Doch davon lässt er sich nicht abhalten.

Hier und da springt er sogar von seinem Stuhl auf, um Personen mit Handschlag zu begrüßen. Immer ein sehr freundliches „Guten Morgen“ auf den Lippen. Die Betonung erinnert an einen südländischen Patron, welcher mit einem gewissen Sing-Sang seine Worte daherträllert, um ein wenig Extra-Aufmerksamkeit zu erhaschen … oder einfach nur freundlich zu sein.

Niemand darf an ihm vorbei, ohne gegrüßt zu werden und selbst grüßen zu müssen. „Erstaunlich“, denke ich mir. „Ob der die wohl wirklich alle kennt?“

An der ein oder anderen erstaunten Miene hänge ich meine Zweifel auf, ob er vielleicht einfach vorsichtshalber nur jeden grüßt.

Aber eigentlich ist es doch egal, oder?

Hier ist ein Mensch. Er ist vom ersten Eindruck her noch nicht einmal unsympathisch, sondern hat einen freundlichen Gesichtsausdruck und ein offenes Wesen. Ja, er nimmt im Raum viel Platz ein und genießt dies auch.

Doch wer bin ich, dass ich mir ein Urteil über ihn erlauben könnte.

„Er ist einfach nur freundlich", sage ich zu mir und beobachte gerne weiter, wie er von Person zu Person umhergeht und Fröhlichkeit am Morgen verbreitet.

Als ich Aufstehe, gehe ich zu ihm hin und sage ihm auch persönlich „Guten Morgen". Er stutzt. Doch dann setzt er ein ehrliches Lächeln auf und wünscht mir desgleichen.

So beginnt ein schöner Tag. Ich freue mich auf die Menschen, denen ich heute noch begegnen darf.

»Lesestunde«

Heute ist Lesestunde angesagt.

Gerne lesen meine Frau und ich Bücher. Meine liebe Ehefrau schwärmt für historische Romane. Gut, dass wir unterschiedliche Geschmäcker haben. Mit dieser Art von Romanen kann ich kaum etwas anfangen. Selbst schlinge ich lieber jedwede Art von Sachbüchern in mich hinein. Zum Glück kann ich dabei von meiner eigenen Profession, Rechtsanwalt, Abstand halten und mich auch mit anderen Dingen beschäftigen.

Von Büchern über Gewohnheiten, menschlichen Beziehungen, Zeitmanagement, Sprachen, Erzählungen bis hin zu Büchern, welche einem zum Beispiel einen Weg zu gutem Schreiben beibringen sollen, nehme ich so ziemlich alles zu mir, was ich finden kann.

Schon vor langer Zeit haben meine liebe Ehefrau und ich festgestellt, wie viel Zeit wir eigentlich vor dem Fernseher verschwenden, wenn wir abends, wenn alle Kinder im Bett sind, den Tag dadurch beenden, auf uns Spielfilme oder Dokumentationen einprasseln zu lassen.

Immer wieder haben wir darüber geredet, ob wir denn mit dieser passiv genutzten Zeit nicht viel mehr anfangen könnten. Wir haben gerätselt, was wir alles erreichen könnten, wenn wir diese Zeit sinnvoll nutzten und etwas Produktives täten.

Leider sind die Gewohnheit und die Muße meist stärker als der Wille. So finden wir uns dann doch immer wieder auf unseren Sofas verteilt vor dem Fernseher wieder.

Seit einigen Tagen, oder sind es Wochen, bewundere ich aber meine liebe Ehefrau.

Abends, wenn wir uns in unserem Fernsehzimmer zur Ruhe lassen, liegt sie neuerdings verkehrt herum auf dem Sofa. Damit meine ich nicht, dass sie auf dem Bauch liegt, sondern sie in eine andere Richtung schaut. Sie hat ihr Gesicht nun abgewendet vom Fernseher. Sie hat eine Brille auf und ... liest ein Buch ...

Erstaunt stelle ich fest, dass meine liebe Ehefrau irgendwie mehr Konsequenz an den Tag legt als ich und unsere Gespräche über die Zeitverschwendung vor dem Fernseher tatsächlich in die Tat umsetzt.

Vielleicht tut sie in dem Sinne nichts Produktives, doch sie hat ihre Gewohnheit geändert. Sie entspannt mit dem, was sie wirklich lieber macht, als fernzusehen.

Als ich sie so anschaue, wirkt sich unheimlich entspannt auf mich. Sie liegt auf dem Sofa, eingekuschelt in ihre Fleecedecke und hat natürlich Olga, unsere Hauskatze, auf dem Schoß. Olga kommt abends immer zu ihr und belagert sie förmlich. Die Katze legt sich quer über meine Frau und ruht sich in teilweise unmöglichen Stellungen aus oder hängt ab, im wahrsten Sinne des Wortes.

Meine liebe Ehefrau wirkt beruhigend auf mich, so wie sie dort sitzt. Sie erinnert mich damit daran, wie schön es ist, gemeinsam durch das Leben gehen zu können, einen Menschen an seiner Seite zu haben.

Ich glaube, für so ein Geschenk, für dieses Geschenk, kann ich niemals dankbar genug sein und vielleicht kann ich mich auch im Alltag öfters daran erinnern, wenn ich mich einmal wieder über Kleinigkeiten aufrege.

Eine Familie ist das schönste und wichtigste Geschenk, welches wir in unserem Leben erhalten können. Ach wäre es doch möglich, viel mehr Menschen dazu zu bringen, dieses Geschenk als heilig zu behalten. In meinem Beruf bin ich tagtäglich mit zerrütteten Familien, Problemen mit Kindern, Gewalt und Streit konfrontiert.

Wie schön ist es da, zu wissen, dass es auch die intakte Familie gibt. Eine Familie zu der man gerne zurückkehrt und in welcher man sich fallen lassen kann, so wie man selber ist.

Eine wohlige Wärme durchzieht mich in diesem Moment. Ich werde mir darüber klar, dass ich dem Beispiel meiner lieben Ehefrau folgen möchte. So schalte ich den Fernseher aus und lese ein wenig. Dann nehme ich mir den Laptop und schreibe ein paar Zeilen, die mir durch den Kopf gehen.

Ich schaue meine liebe Ehefrau an und weiß, wie viel Glück ich habe. Ich stehe auf, gehe zu meiner Frau, küsse sie. Als sie mich erstaunt ansieht, sage ich zu ihr: „Dich liebe ich".

Dann lege ich mich wieder auf mein Sofa und genieße den Abend. Ich bin ein glücklicher Mensch.

»Kleine Schritte, große Schritte«

„Ein kleiner Schritt für einen Menschen, ein großer Schritt für die Menschheit!"

Wer kennt diesen Satz von Neil Armstrong, dem ersten Menschen auf dem Mond, nicht. Einen Satz, welchen er aussprach, als er den ersten Fuß auf den Erdtrabanten setzte und damit bewies, wie viel der Mensch erreichen kann.

Mit dieser großartigen technischen und menschlichen Leistung will und kann kaum etwas aus unserem täglichen Leben verglichen werden. Doch im Leben eines jeden Menschen gibt es Momente, welche zu denken geben. Momente, welche vielleicht viel zu klein erscheinen, als dass sie eine große Wirkung auf eines Menschen Leben haben könnten.

Und doch passieren sie jeden Tag.

Geschehnisse, sinnbildlich für das eigene Leben oder gar den ganzen Lebensweg, ereilen uns meistens dann, wenn wir sie am wenigsten erwarten.

In einem großen Bürogebäude musste ich heute in die zweite Etage. Als ich in das Gebäude eintrat, sah ich das Treppenhaus. Unmittelbar daneben befanden sich die doch ach so verlockenden Aufzüge. „Einen kleinen Knopf drücken. Ping. Und schon bist Du oben", schoss es mir durch den Kopf.

Doch wie Engelchen und Teufelchen auf der Schulter kam plötzlich eine andere Stimme zum Vorschein. „Willst Du nicht lieber die Treppe nehmen? So weit ist es doch nicht. Und außerdem tut es Dir gut", sprach sie zu mir.

In Sekundenbruchteilen durchlebte ich einen ungeheuerlichen Kampf in mir selbst. Da war die Gemütlichkeit gegen den Verstand angetreten, das schlechte gegen das gute Gewissen.

Heute wollte ich etwas Gutes tun. Eine Klitzekleinigkeit für mich. Und so entschied ich mich, die Treppe zu nehmen.

Gewaltig erschienen die Stufen vor mir. Wie durch ein Mikroskop beobachtete ich sie, konnte ihre Maserung erkennen und empfand jede einzelne von ihnen, als wäre es ein Bollwerk gegen meinen freien Willen, das ich überwinden müsste. Das Treppenhaus war auch links und rechts von dunklen glatten Wänden eingekerkert. Wie in einem Horrorfilm schienen diese Wände langsam auf mich zuzukommen, verengten mit jeder Stufe, die ich voller Stolz nahm, den Weg nach oben.

„Und jetzt erst recht", spornte ich mich selber an und machte mir Mut.

Langsam stieg ich diesen Mount Everest der Treppenhäuser empor.

Stolz breitete sich in meiner Brust aus. Wie ein Sportler, der seinen ersten Marathon laufen musste, kam ich mir vor. Aber ich wollte es schaffen. Das hatte ich mir geschworen.

So nahm ich Stufe für Stufe, Schritt für Schritt, im Schweiße meines Angesichts schleppte ich die gefühlt hunderte von Kilogramm wiegende Tasche diese endlos erscheinenden Wege hinauf.

Als ich dann oben ankam, bemerkte ich, wie leicht ich atmen konnte, wie schnell der Weg dann doch gewesen war. Meine Vorstellung, ich müsste hier aktivsportlerisch einen hohen Berg erklimmen konnte ich mit der Wirklichkeit plötzlich nicht mehr übereinbringen. Alles war so einfach gewesen.

Irritiert drehte ich mich um, warf einen letzten Blick auf mein Meisterwerk und ging beschwingten Schrittes weiter.

„Das mache ich jetzt öfters", sprach ich mir Mut zu und ertappte mich den Rest meines Tages tatsächlich dabei, mehr und mehr Wege zu Fuß zu gehen.

Auch die größte Aufgabe ist tatsächlich zu schaffen, wenn man sie einfach nur in genügend kleine Schritte einteilt. Auf diese Art und Weise sind uns Menschen keine Grenzen mehr gesetzt.

»Langeweile«

Manches in unserem Leben ist wirklich erstaunlich. Da sitzt man den ganzen Samstag am Schreibtisch und arbeitet. Die Zeit vergeht wie im Fluge. Sie vergeht so schnell, man könnte meinen, man säße in einem dieser modernen Ultraschallflugzeuge, die nur dafür gemacht sind, die Zeit schneller vergehen zu lassen.

Schaue ich auf den Stapel der bereits erledigten Arbeiten und den Stapel der noch zu erledigenden Arbeiten, ist Letzterer deutlich größer. Und obwohl ich schon viel geschafft habe, grinst mich dieser größere Stapel hämisch an und scheint irgendwie auf die Uhr zu zeigen. Er spricht fast zu mir: „Schau, wie die Zeit vergeht. Tick, tack, tick, tack." Als ich vorsichtig zu meiner Wanduhr im Büro aufschaue, verzerrt sich das Bild wie in einem Gemälde von Picasso und die Uhrzeiger drehen sich, als wollten sie die nächste Olympiade im Sprint gewinnen. Nichts hält sie auf und je mehr ich hinsehe, desto schneller werden sie.

Mir ist schwindelig. „Ach, hätte ich doch mehr Zeit. Ich möchte soviel Zeit haben, damit ich mich einmal richtig langweilen kann", wünschte ich mir still und heimlich.

Als ich abends, nach getaner Arbeit, mit meiner Familie zusammensaß, beschlossen wir, Eltern und Kinder, ein wenig zu lesen. So setzten sich alle von uns auf ihre Sofas und Sessel, knipsten die Leselichter an und lasen still vor uns hin. Zunächst las ich mit den Kindern zusammen ein zweisprachiges Buch, spanisch und deutsch. Es hieß „Soy pequeña?“ („Bin ich klein?“). Es handelte von der kleinen Tamia, welche durch die Welt streifte und verschiedenen Wesen begegnete, die entweder größer oder kleiner als sie waren und Tamia dann wiederum entsprechend als viel zu klein oder viel zu groß betrachteten.

Es machte Spaß und danach nahm sich jeder ein eigenes Buch und zog sich geheimnisvoll in seine Ecke zurück.

Keine paar Minuten später ist mir langweilig, aber so was von langweilig. Ich rutsche auf meinem Platz hin und her und mache das, was den eigenen Kindern eigentlich verboten ist. Ich fange aus Langeweile an, die anderen zu ärgern.

Doch irgendwie reagiert niemand so richtig. Alle sind unendlich in die eigenen Geschichten abgetaucht. „Nun gut“, denke ich mir. „Dann bewege ich mich eben ein wenig und lenke mich dabei ab.“

Auf keinen Fall wollte ich wieder in mein Büro zurück, denn dann hätte ich meine Langeweile aufgeben müssen. Aber ich wollte mich ihr stellen.

Ich stehe daher auf und gehe ruhigen Schrittes im Kreis vom Wohnzimmer ins Esszimmer, vom Esszimmer in die Küche, von dort in den Eingangsflur und dann wieder in das Wohnzimmer. Als ich wieder am Anfangspunkt stehe, gehe ich einfach weiter. Ich denke an nichts und setze einen Fuß vor den anderen, immer schön im Kreis herum.

Nach einigen erstaunlich uninteressanten Runden, fange ich an, Dinge um mich herum zu bemerken. Erst lasse ich sie an mir vorbeiziehen, ohne dem Ganzen weitere Beachtung zu schenken. Dann aber, ich schaue schließlich immer wieder auf die gleichen Sachen an meinem Wegesrand, scheint es wie eine Zauberwelt zu werden. Gegenstände, welche ich seit langem gar nicht mehr wahrgenommen habe, tauchen in mein Blickfeld ein und drängen sich stärker und stärker nach vorne. Es ist, als erwachten alle diese vielleicht gar nicht so toten Gegenstände zum Leben und wollten nun in einer Art Aufmerksamkeitswettkampf genau darum buhlen … um meine Aufmerksamkeit.

Ich betrachte sie im Vorübergehen. Mir fallen Kleinigkeiten auf. Vor der Küche sehe ich immer wieder das Licht in der Gästetoilette, welches meine Tochter angelassen hat. Nach der gefühlten zehnten Runde kann ich nicht mehr daran vorbei und mache einen kurzen Schlenker, um es abzustellen. Dann gehe ich weiter meine Runden.

Langsam bemerke ich, wie ich den linken Fuß immer weiter nach vorne setze und erkläre mir dies mit der grandiosen Erkenntnis der von mir beschrittenen rechts herum verlaufenden Runde. Um nämlich den genauen Kurvenradius einzuhalten, muss der linke Fuß immer einen leicht größeren Schritt machen, als der rechte, sonst liefe ich ja geradeaus.

Ich beschließe, diese enorme physikalische Eigenart meines gelangweilten Schrittes auch in die andere Richtung auszuprobieren. Also halte ich abrupt inne, drehe mich um und gehe meinen Pfad in die andere Richtung. „Tatsächlich!", scheine ich fast laut auszurufen und stelle begeistert fest, wie nun der rechte Fuß den minimal größeren Schritt schafft.

Von dieser Inspiration der Erkenntnis auch kleinster Dinge angefacht, brennt nun das Feuer der Neugier mit jedem Schritt in mir. Ich durchschreite die Flure und Säle meines Hauses und bewege meine Augen zwischen den inneren und äußeren Enden meines Blickfeldes. Immer noch drängen sich die Gegenstände darum, doch bitte von mir einen Augenblick wahrgenommen zu werden. Irgendwie hat es etwas Magisches an sich. Ich beginne, die Gegenstände zu würdigen, indem ich Ihnen im Vorbeiziehen einige Sekunden meine volle Aufmerksamkeit widme. Jede Runde wird mit einem anderen Gegenstand im Blick beschritten. Jede Runde ist meiner direkten Umgebung gewidmet. Ich möchte sie sehen, so wie sie ist.

Tausende von Kleinigkeiten fallen mir dabei auf, welche ich im Alltag niemals beachtet hätte.

Ein Gedanke schießt mir plötzlich durch den Kopf. „Was ist, wenn dies das Geheimnis der Erkenntnis ist?", frage ich mich aufgeregt.

„Ist es nicht so, dass wir durch ständige Wiederholung etwas lernen? Eine Sprache zum Beispiel lernen wir am besten, wenn wir sie ohne Unterlass sprechen können. Fahrradfahren lernen wir durch ewig währendes Probieren, Absteigen, Umfallen, Aufsteigen. Mit jedem Mal, in dem wir eine Sache ausprobieren und wiederholen, werden wir sicherer und sicherer und sicherer. Wir können irgendwann diese Dinge ausführen, ohne noch darüber nachzudenken. Dann haben wir sie gelernt und können uns mit den Details befassen, mit dem, was wir zusätzlich lernen können, wie wir einen Vorgang zu perfektionieren vermögen", so denke ich leise und mit weit vor Aufregung aufgerissenen Augen vor mich hin. „Das ist es also, wann eine Sache anfängt, Spaß zu machen. Wenn wir nicht nur oberflächlich anfangen, etwas zu können, sondern uns tief hineingraben in die zu erforschenden Täler des Wissens und des Könnens. Erst wenn ich durch mein Haus gehe und die Dinge sehe, welche ich tagtäglich übersehe und mir wieder bewusst werde, was an ihnen so schön ist und welche Freude sie mir jeden Tag in kleinsten unbemerkten Schritten zukommen lassen, habe ich meine Umwelt verstanden. Jetzt, wo die Dinge sich bemühen, von mir wieder erkannt zu werden, erreiche ich die Einsicht, dass alles um mich herum wichtig ist. Und ich erkenne, wieviel ich in meinem Leben schon gelernt habe und noch lernen kann. Einfach indem ich es immer wieder lebe, erlebe, wiederhole und es so lange tue, bis es völlig unterbewusst abläuft."

Diese Erkenntnis lässt mich innerlich zufrieden lächeln. Ich erkenne, wie Langeweile wirklich etwas entstehen lassen kann.

Zugegebenermaßen ist eine solche Erkenntnis vielleicht nicht bahnbrechend und eher ein wenig einfach gestrickt.

Doch in einem Moment der Langeweile schaffen sich solche Gedanken in unseren Gehirnen Synapsen, welche unsere Erkenntnis noch stärker werden lassen, als wir uns vorher jemals hätten träumen lassen. Sie werden gefestigt und stehen nun für alles, was wir noch in unserem Leben erlernen wollen, bereit.

Eine tolle Sache, sich manchmal einfach nur zu langweilen…

»Ohne Titel«

Das Programm ist eingeschaltet. Still surrt der kleine Lüfter des Laptops auf dem Schreibtisch vor sich hin. Alles ist vorbereitet.

Das Getränk steht bereit. Es ist ein herrlich duftender Tee, eine Mischung aus Apfeltee und dem berühmten Earl-Grey und leicht gesüßt. Auch hier ist es eine Mischung von weißem und braunem Kandiszucker. Die Glaskanne wird von der kleinen Flamme unter ihr warmgehalten. Wenn der Zucker in den Tee fällt, fängt er an zu knacken. Er knackt durch die plötzliche Erhitzung in dem nicht mehr siedenden, aber dennoch sehr heißen Wasser. Und er springt umher, da er von unten von dieser kleinen, aber heißen Flamme weiter erhitzt wird.

Auch der Schreibtisch ist aufgeräumt. Alles liegt an seinem Platz. Die Schreibfläche ist leer, wie es sich gehört. „Nur auf die eine Arbeit konzentrieren", lautet die Maxime. Ablenkung ist nun nicht erwünscht. Auch das Telefon, die Benachrichtigungen der vielen verschiedenen Programme, das Handy sind ausgeschaltet.

Das Licht ist leicht gedämmt, damit die Augen nicht geblendet werden. Alle Türen sind geschlossen, damit nichts von außen hineindringt, was nicht hierhin gehört. Einzig das leise Knistern und Knacken des immer wieder aufbrechenden Kandiszuckers in der Teekanne ist zu hören.

Auf dem Bildschirm ist das Schreibprogramm geöffnet. Auch dieses Programm ist dafür entwickelt, konzentriert Texte schreiben zu können. Es kann in den Focus-Mode gestellt werden. Dann werden alle Sätze, welche gerade nicht bearbeitet werden, leicht ausgegraut und nur der aktuelle Satz ist schwarz auf weißem Hintergrund deutlich eingeblendet. Auf diese Weise kann dieser Satz einfacher und besser formuliert werden.

Nachdem der Tee genügend gezogen hat, wird die Tasse bereitgestellt, um daraus bei Bedarf trinken zu können.

Die Temperatur des Raumes ist behaglich, weder zu warm noch zu kalt. Alles scheint perfekt. Alles ist genau so, wie es benötigt wird, um einen neuen Text zu entwerfen und ihn in Worten auf das moderne Papier, den Bildschirm, zu bringen. Absolut fokussiert kann es losgehen. Alles ist eingerichtet. Nichts soll die Gedanken wegbringen von der Entstehung des nächsten Textes.

Doch … der Bildschirm bleibt leer …

Meine Hände liegen erwartungsvoll auf der Tastatur, bereit den Sturm der Gedanken in Windeseile mit über die einzelnen Buchstaben rasenden Fingern durch diese kleinen Impulse auf den Bildschirm zu bannen.

Doch nichts passiert.

Ich starre auf den Bildschirm. Es will sich aber leider kein Gedanke einstellen, den ich eintippen kann. Alles, was mir gerade durch den Kopf geht, verwerfe ich wieder und zurück bleibt eine gigantische Leere.

Der Bildschirm ist weiß. Das Programmfenster füllt mit seinem weißen Hintergrund die ganze Anzeige als Vollbild aus. Umso erdrückender ist es, zuzusehen, wie sich nicht ein einzelner Buchstabe auf dieses riesige weite Feld verirrt.

„Irgendetwas muss ich doch schreiben können", ärgere ich mich und drehe mich zur Seite. Ich schaue auf den Tee, auf die Bücher im Regal. Ich drehe meinen Stuhl erbost noch weiter um, schaue nun aus dem Fenster in meinen Garten. Still liegt er da und schaut mich ebenso erstaunt an, wie ich ihn.

Es ist, als seien alle Töne dieser Welt abgeschaltet worden. Ein dichter Nebel durchzieht alles, was man ansieht. Es ist da. Und doch erkennt man es irgendwie nicht. Alles wartet. „Nur worauf?", frage ich.

In kleinen Schlückchen, um meine Zunge oder Lippen nicht zu verbrennen, trinke ich ein wenig von meinem Tee. Wie immer schmeckt er mir sehr gut. Es ist mein

Lieblingstee. Vor ein paar Tagen hat ihn noch mein Spanischlehrer gelobt, weil er ihm so gut geschmeckt hat.

Ich schüttle meinen Kopf. „Was denkst Du denn hier über den Tee nach? Du sollst schreiben", ermahne ich mich. Also gehe ich wieder in meinen Schreibmodus, drehe mich auf dem Stuhl zum Arbeitsplatz und nehme die Schreibstellung ein, freue mich auf das, was nun kommen wird.

Und wieder … der Bildschirm bleibt leer.

„Was ist denn los?", denke ich, während ich nun ärgerlich werde. „Jetzt fang' bloß nicht an, eine dieser Schreibblockaden zu bekommen, über die Du immer gelesen hast!"

Ich merke, wie meine Stimme, in der ich zu mir spreche bzw. denke, immer wütender wird. Sie bekommt diesen Befehlston, den ich so gar nicht schätze. Rau und gepresst klingt sie dann.

„Also, nochmal von vorn", denke ich und sitze wieder still da.

Dann tippe ich einfach die Markierung für die Überschrift. Nur ein Titel für den Text fällt mir so gar nicht ein. Also lasse ich ihn frei.

Ich gehe in die nächste Zeile und tippe: „von Thorsten Haßiepen" und darunter das heutige Datum.

Jetzt steht wenigstens etwas auf dem Schirm. Er wirkt tatsächlich dadurch nicht mehr so einsam und verlassen wie zuvor.

Zwei Zeilen weiter fange ich nun einfach an, das zu beschreiben, was ich gerade erlebe. Anfänglich ist es schwer, die richtigen Worte zu finden. Sie gefallen mir nicht, doch ich schreibe einfach stur weiter.

Mit jeder Zeile merke ich, wie die Worte plötzlich zu mir finden. Sie scheinen von außen zu kommen, drehen sich kurz zu mir um. Es ist, als zeigten sie mir kurz die ausgestreckte Zunge, wollten mich ärgern, während sie in die Tastatur hineinspringen und sich gemütlich an ihren Plätzen auf dem Bildschirm niederlassen.

Als ich dies erkenne, schmunzle ich.

Wie so oft im Leben ist es auch, wenn die Muse einen nicht treffen will. „Einfach anfangen und nicht zu lange nachdenken", habe ich so oft zu mir gesagt. Und immer hat es Wunder gewirkt. Doch manchmal vergesse ich es eben.

Sei es die Tätigkeit, einen Text zu schreiben, ein Geschäft zu eröffnen, eine Idee zu verfolgen, ein Lied zu singen oder was auch immer. Die besten Ergebnisse erzielt man meist dann, wenn nicht die Planung im Vordergrund steht, sondern man weiß, dass man etwas will und es eigentlich auch schon fertig vor sich sieht.

Es ist wie die berühmte Reise, welche mit dem ersten Schritt beginnt. Denkt man nur darüber nach, wie man diesen Schritt am besten geht, wird die Aufgabe immer größer und schwerer.

Setzt man aber einfach den einen Fuß vor den anderen, fängt an, etwas zu tippen, so gilt auch hier das physikalische Gesetz, dass der erste Impuls der schwerste ist. Danach will auch der Kopf, der Geist, die Seele den Zustand bewahren, in welchem sie ist. Bringen wir sie also erst einmal dazu, sich zu bewegen, ist es so viel leichter, sie auch in Bewegung zu halten.

So ist es immer, auch heute, hier und jetzt.

Warum ich schreibe

Warum jemand Bücher schreibt, ist meist eine schwierig zu beantwortende Frage. So geht es zunächst auch mir.

Nach dem ich Bücher mit meinen Predigten in den Reihen »Worauf es ankommt« und »Ein wenig angedacht« herausgegeben hatte, wollte ich auch ein paar normale Geschichten schreiben und mich dabei von dem alltäglichen Kampf mit uns selbst und den Widrigkeiten des Lebens inspirieren lassen.

So begann ich, mich einfach jeden Tag hinzusetzen und etwas zu schreiben.

Anfänglich brachte ich nicht mehr als vielleicht hundert Wörter am Tag zu Papier. Aber, zu meinem eigenen Erstaunen, blieb ich dran und gönnte mir keinen freien Tag in meiner Tätigkeit als Schriftsteller.

Ich schrieb auf meinem Mac, auf meinem iPad, meinem iPhone, nutzte Spracherkennung und andere Eingabehilfen. Langsam erhöhte sich die Zahl der von mir tagtäglich geschriebenen Worte und es wurden mehr und mehr.

Ich ging dazu über, kleine Geschichten zu schreiben, Gedanken nachzugehen und auszuführen. Dabei machte ich mir erst einmal keine Gedanken darüber, ob ich tiefschürfende Erkenntnisse an die Menschheit vermitteln konnte oder einfach schöne Sätze aufschrieb.

Mit jedem Tag, mit jedem Text, ja mit jedem Wort gewann ich mehr und mehr Spaß daran, einfach zu schreiben. Es machte und macht mich glücklich. Es ist für mich wie ein kleiner und kurzer Urlaub, meine Gedanken niederzuschreiben oder zu diktieren und später nachlesen zu können.

Es ist einfach das, was mich glücklich macht.

Ganz einfach glücklich.

Aus diesen Schreibübungen entstanden viele kleine Texte, oftmals mehrere an einem Tag. Diese fasste ich irgendwann einfach zusammen und dachte mir, Sie können vielleicht auch andere Menschen inspirieren. Vielleicht gibt es Menschen, denen meine Art zu schreiben gefällt, als Inspiration empfangen oder einfach nur genießen. Vielleicht spornt es jemanden an, selbst zu schreiben. Vielleicht.

Warum auch immer Sie meine Bücher lesen, es ist mein Ziel und Wunsch, Ihnen einige neue und vor allem gute Gedanken mit auf Ihren Lebensweg zu geben oder einfach nur eine schöne Zeit mit diesen Worten bereiten zu dürfen.

Natürlich macht es mich glücklich, wenn Sie vielleicht meine Bücher gerne weiterempfehlen wollen. Genauso gerne möchte ich aber auch von Ihnen hören oder lesen, wie meine Worte auf Sie gewirkt haben, was Sie sich an Texten wünschen oder welche Anregungen Sie vielleicht haben.

Am Ende jedes Buches hinterlasse ich Ihnen daher eine Möglichkeit, mich erreichen zu können. Nutzen Sie diese bitte, denn es interessiert mich wirklich.

Ich darf mich bedanken für Ihre Zeit und hoffe, mein Anspruch ist bei Ihnen Wirklichkeit geworden.

Ihnen darf ich alles Gute, Glück, Erfolg und Gesundheit für Ihre Zukunft wünschen und freue mich auf unsere nächste Begegnung.

Herzlichst,

Ihr
Thorsten Haßiepen

Weitere Informationen

Weitere Informationen zu meinen Buchprojekten finden Sie auch im Internet und in den sozialen Medien.

Mehr über mich, wie Sie mich erreichen können und Informationen über meine Bücher erhalten Sie im Internet unter

www.thorsten-hassiepen.de

In den sozialen Medien finden Sie mich und meine Projekte wie folgt

facebook.com/andachten.tv

youtube.com/andachtentv

Alle Bücher sind als Druckversion und als eBook's erhältlich.